1874. 22 Décembre

CATALOGUE

DE

LIVRES CHOISIS

De Littérature et d'Histoire, d'Ouvrages illustrés

DU XVIIIe SIÈCLE

LIVRES D'ARCHITECTURE ET DE BEAUX-ARTS

SUITES DE GRAVURES

Dont la Vente aura lieu

RUE DES BONS-ENFANTS, 28

(MAISON SILVESTRE)

Le Mardi 22 Décembre 1874

A SEPT HEURES ET DEMIE PRÉCISES DU SOIR

Me DELBERGUE-CORMONT, Commissaire-Priseur,
rue de Provence, 8.

PARIS
ADOLPHE LABITTE
LIBRAIRE DE LA BIBLIOTHÈQUE NATIONALE
4, rue de Lille, 4

1874

CONDITIONS DE LA VENTE

La Vente se fait au comptant.

Il y aura exposition de deux à quatre heures, des Livres composant la vacation du soir.

Les Livres devront être collationnés dans les vingt-quatre heures de l'adjudication; passé ce délai, ils ne seront repris pour aucune cause.

Le Libraire chargé de la vente remplira les commissions des personnes qui ne pourraient y assister.

CATALOGUE

DE

LIVRES CHOISIS

De Littérature et d'Histoire, d'Ouvrages illustrés

DU XVIIIe SIÈCLE

LIVRES D'ARCHITECTURE ET DE BEAUX-ARTS

SUITES DE GRAVURES

1. Renan (Ern.). Vie de Jésus, 1re édition. — Les Apôtres. — *Paris, Mich. Lévy*, 1863-66; 2 vol. in-8, dem.-rel. v. bl., et dos et coins de mar. noir, jans. tête dor

2. — Étude sur la vie de Jésus de Ern. Renan, par le P. Ch. Passaglia. *Pars, Dentu*, 1863. — Abrégé de la vie de Jésus-Christ, par Blaise Pascal, publié par M. Prosper Faugère. *Paris*, 1846. —Jésus-Christ, réponse à M. Renan, par A Gratry. *Paris*, 1864; ens. 3 vol. in-8 et d.-rel. cart. percal.

3. Passion de Jésus-Christ (Histoire de la), composée en MCCCCXC, par le R.-P. Olivier Maillard, publiée en 1828 comme monument de la langue française au xve siècle, avec une notice sur l'auteur, des notes, et une table des matières, par Gabriel Peignot. *Paris, Crapelet*, 1828; gr. in-8, fig., cart., n. rog. Papier de Hollande.

4. Predicatoriana, ou Révélations singulières et amusantes sur les prédicateurs. xve, xvie et xviie siècles, par Philomneste (G. Peignot). *Dijon, V. Lagier*, 1841; in-8, d.-rel., mar. r., dos orné.

5. Pensées, Fragments et Lettres de Blaise Pascal, publiés par M. Prosper Faugère. *Paris, Andrieux*, 1844; 2 vol. in-8, d.-rel., v. ant.

6. Génie du Christianisme, par M. le vicomte de Châteaubriand. *Paris, Pourrat fr.*, 1838; gr. in-8 vign., par Théophile Fragonard, d.-rel. mar. n. jans.

7. La Vie de saint Bruno, fondateur de l'Ordre des Chartreux, peinte au cloistre de la Chartreuse de Paris, par Eustache Le Sueur, peintre ordinaire du roy, gravée par François Chavueau. *A Paris, chez René Cousinet*; 23 grandes planches gravées, plus un titre frontispice, remontées avec soin et formant un vol. in-fol., d.-rel., mar. n.

8. Mémoires de Luther écrits par lui-même, traduits et mis en ordre par J. Michelet. *Paris, A. Delahays*, 1874; 2 vol. in-8, d.-rel., chag. r.

9. Vérité de la religion chrétienne contre les athées, épicuriens, païens, juifs, mahumedistes, et autres infidèles, par Philippes de Mornay, sieur du Plessis Marly. Seconde édition. *Paris, Richer*, 1583; pet. in-8, d.-rel., v. f.

10. Lettres à Émilie sur la mythologie, suivies des Consolations, par Demoustier. *Paris, Langlois*, 1835; 2 vol. in-8, portr., d.-rel., v. rose.

11. Mahomet et le Coran, par J. Barthélemy Saint-Hilaire, *Paris, Didier*, 1865; in-8, br.

12. Les Codes français, collationnés par L. Tripier. *Paris, Cotillon*, 1872; gr. in-8, d.-rel., mar.

13. Consignations (Traité des), par René Guillemot. *Paris*, 1868; in-8, br.

14. Platon. Œuvres diverses. *Paris, Lefèvre et Charpentier*, 1842-43; 5 vol. in-12, d.-rel., dos et coins de mar. bl.

Lois, 1 vol. — Dialogues, 3 vol. — République, 1 vol.

15. Ciceronis Cato major seu de Senectute dialogus. *Parisiis, Renouard*, 1796; in-18, portr., mar. bl., fil., tr. dor.

16. Choix de moralistes français avec notices biographiques, par J.-A.-C. Buchon. *Paris, Desrez*, 1836; gr. in-8, texte à deux colonnes, d.-rel., v.

17. Montaigne. Essais, avec des notes de tous les commentateurs. Édition revue sur les textes originaux. *Paris, F. Didot frères*, 1854; gr. in-8, d.-rel., mar. r.

18. De la Sagesse, par Pierre Charron, Parisien, docteur es-droict, suivant la vraye copie de Bovrdeavx. *A Paris, chez Christophle Iovrnel, au Soulier-Volant*, 1657; pet. in-12, titre frontispice, v. f. ant., tr. dor.

19. Descartes. Œuvres. Discours du la Méthode. — Méditations, etc. *Paris, Napoléon Chaix*, 1864; 2 vol. in-8, d.-rel.

20. Balzac. Le Prince, revu, corrigé et augmenté par l'auteur, avec les sommaires sur les chapitres. *Roven*, 1661; in-12, mar. r., tr. dor.

21. Les Caractères de La Bruyère et de Théophraste. *Paris, Aug. Renouard*, 1816; 3 vol. in-12, v. f., fil. et dent à froid à comp., tr. dor. (*Bauzonnet*.)

Bel exemplaire. Portrait de La Bruyère par Saint-Aubin. Jolie reliure.

22. Art d'être heureux, par Joseph Droz. *Paris, Renouard*, 1806; in-12, v., pap. vél., tr. dor.

23. Le Thresor de santé ov Mesnage de la vie hvmaine, divisé en dix liures, lesquels traictent amplement de toutes sortes de viandes et breuuages, ensemble de leur qualité et preparation, faict par vn des plus celebres et fameux medecins de ce siècle. *A Lyon, chez Jean-Ant. Huguetan*, 1616; pet. in-8, chag. br.

Exemplaire court de marges.

24. Économie politique. Cours complet, par J.-B. Say. *Paris*, *Rapilly*, 1828; 6 vol. in-8, d.-rel. v. v.

25. Brougham (Lord). De la Démocratie et des Gouvernements mixtes. Traduit de l'anglais par Louis Régis. *Paris*. *Sauton*, 1872; in-8, d.-rel., mar. r.

26. Manuel maçonnique ou tuileur de tous les rites de maçonnerie pratiqués en France, avec 32 planches, par un vétéran de la Franc-Maçonnerie. *Paris Hubert*, 1820; in-8, d.-rel., mar. bl.

27. Les misères et les mal-heurs de la Gverre, representez par Jacqves Callot, noble Lorrain...., et mis en lumiere par Israël son amy. *Paris*, 1633; in-4 obl., br.

18 planches, tirage moderne, sur papier teinté.

28. Costumes de divers pays: Angleterre, Autriche, Chine, Russie, Turquie, etc. Recueil gr. in-8, 96 fig., col. cart., toile.

29. Les Dames françaises distinguées dans les lettres et les arts. Collection de 40 portraits au burin par nos meilleurs artistes. *Paris*, 1845 ; in-8 cart.

30. Le Devin du village, intermède représenté à Fontainebleau, par J.-J. Rousseau; in-4, mar. r., large dent. sur les plats, tr. dor. (partition gravée). — 40 vieilles chansons choisies parmi celles des meilleurs auteurs du XIIe au XVIIIe siècle, par E. Reyer, — Rossini, Il Barbiere di Siviglia, — Otello, — 2 vol. — La Fée aux roses, musique de F. Halévy, — Don Giovanni da Mozart, — Anna Bolena da Donizetti. — Ens. 7 partitions in-4, et in-8 reliées.

31. Dictionnaire universel des synonymes de la langue française, par Guizot. *Paris*, *Didier*, 1850; 2 vol. in-8, d.-rel., v. rose.

32. Examen critique des dictionnaires de la langne française, par Ch. Nodier. *Paris*, *Delangle*, 1829; in-8, br.

33. Dictionnaire comique, satyrique, critique, burlesque, libre et proverbial, par P.-J. Leroux. *A Pampelune*, 1786; 2 vol. in-8, v. ant.

34. Livre des Orateurs, par Timon. *Paris*, *Plon*, 1840; gr. in-8, jésus vél., portr., dos et coins mar. vert, fig.

35. Amusements philosophiques ou Variétés en tous genres, par Gabriel Peignot. *Dijon*, *V. Lagier*, 1824; in-8, d.-rel., v.

36. Homère (L'Iliade). En vers, par le baron de Beaumanoir, ancien capitaine de dragons. *Paris*, *veuve Duchesne*, 1781; 2 vol. in-8, mar. r., fil., tr. dor. (*ancienne reliure*).
Bel exemplaire.

37. Virgilius, Thesaurus rerum et verborum Virgilii in Academia Turnonia. *Turnoni*, *Cl. Michael*, 1588; pet. in-8, v. f., fil., tr. dor. *Petit*, *succ. de Simier*.

38. Les Géorgiques de Virgile en vers français, par l'abbé Delille. *Paris*, 1782; pet. in-12, mar. r., fil., tr. dor. (Anc. rel.)

39. Le Virgile travesty, en vers burlesques, par Scarron. *Paris*, *Toussaint Quinet*, 1648; in-4 vél., titre gravé.

40. L'Enfer bvrlesqve ov le Sixiesme de l'Æneide travestye et dediée à mademoiselle de Chevreuse, le tout accomodée à l'histoire du temps. *A Anvers*, *chez Baltazar Moret*, *S.-d.*; pet. in-12, mar. bl., tr. marbr.

41. OEuvres complètes d'Horace, de Juvenal, de Perse, de Sulpicia, de Turnus, de Catulle, de Properce, de Gallus et Maximien, etc., avec la traduction en français, publiées sous la direction de M. Nisard. *Paris*, *Firm. Didot fr.*, 1864; gr. in-8, d.-rel., chag. brun.

42. Catulli, Tibulli et Propertii Opera. *Birminghamiæ*, *Baskerville*, 1772; in-4. mar. r., fil., tr, dor. (Derome).

**

43. La Pharsale de Lvcain ov les Gverres civiles de Cesar et de Pompée en vers françois, par M. de Brébeuf. *Imprimée à Roven, et se vend à Paris chez Ant. de Sommaville*, 1659; pet. in-12, frontispice et fig, gr., d.-rel., dos et coins de mar. brun, Lavall., tr. dor.

44. Lucrèce (Œuvres complètes). — Virgile. — Valérius Flaccus, avec traduction en français, publiées sous la direction de M. Nisard. *Paris, F. Didot*, 1864; gr. in-8, d.-rel., chagr. brun.

45. Martialis Epigrammatum libri, ad optimos codices recensiti et castigati. *Paris. Barbou*, 1754; 2 vol. in-12, d.-rel.

46. Statii (P.-P.) Sylvarum libri quinque, etc. *Venetiis in ædibus Aldi*, 1502; in-12, mar. r., fil., tr. dor. (*Anc. rel. genre Derome.*)

Bel exemplaire.

47. Roland (Chanson de) ou de Ronceveaux du XIIe siècle, publiée pour la première d'après le manuscrit de la bibliothèque Bodléienne à Oxford, par Francisque Michel. *Paris, Silvestre*, 1837; gr. in-8, fac-simile, d.-rel., mar.

Exemplaire sur papier de Chine.

48. Histoire littéraire des Troubadours, contenant leurs vies, les extraits de leurs pièces, et plusieurs particularités sur les mœurs, les usages, et l'histoire des XIIe et XIIIe siècles, par l'abbé Millot. *A Paris chez Durand*, 1774; 3 vol. in-12. v. marbr. ant.

49. Vieille (La) ou les Dernières amours d'Ovide, poëme français du XIVe siècle, traduit du latin de Richard de Fournival, par Jean Lefèvre, publié pour la première fois, par Hippolyte Cocheris. *Paris, Aug. Aubry*, 1861; pet. in-8, br.

Exemplaire en grand papier vélin.

50. Régnier (Œuvres de). Édition Louis Lacour. *Paris, Jouaust*, 1867; in-4, papier vergé, br.

51. Les Tragiques, par Théodore-Agrippa d'Aubigné, nouvelle édition revue et annotee par Ludovic Lalanne. *A Paris, chez Pierre Jannet,* 1857; in-12, dem.-rel., maroq. r. tête dor. n. rog.

52. Théophile. Œuvres divisées en trois parties, revues et corrigées. *Lyon, Labotière,* 1638; pet. in-8, dem.-rel. v. f.

53. Le Villebrequin de maître Adam, menuisier de Nevers, contenant toutes sortes de poésies galantes. *A Paris, chez Guill. de Luyne,* 1663; pet. in-12, v. f., fil. dos à petit fers, tr. dor.

54. Bernis (Œuvres de) collationnées sur les textes des premières éditions. *Paris, N. Delangle,* 1825; in-8, portrait dem.-rel. v. f.

55. Gilbert (Œuvres complètes de) publiées avec les corrections de l'auteur, et les variantes, accompagnées de notes littéraires et historiques. *Paris, Dalibon,* 1823; in-8, portrait et figures d'après Desenne, dem.-rel. veau.

56. Bernard (Œuvres de) ornées d'une gravure d'après Prudhon. *Paris, Janet et Cotelle,* 1823; in-8, dem.-rel., v. f.

57. Florian (Fables de) illustrées par Victor Adam, précédées d'une notice par Ch. Nodier. *Paris, Deiloye,* 1838; in-8, cart. tr. dor.

58. Œuvres anciennes et œuvres posthumes d'André Chénier, mises en ordre par Ch. Robert. *Paris, Guillaume,* 1836; 2 vol. in-8, cart. n. rog.

59. La Conversation, poëme par J. Delille. *Paris, Michaud fr.* 1812; in-12, fig. gr. maroq. rouge doublé de tabis, dent à comp. tr. dor (*Anc. reliure.*)

60. Harmonies poétiques et religieuses, par de Lamartine. *Paris, Ch. Gosselin,* 1830; 2 vol. dem.-rel. v. — Joselyn. *Paris,* 1836; 2 vol. in-8, dem.-rel. v. bl. — La Chute d'un ange. *Paris,* 1838; 2 vol. in-8, dem.-rel. — Ensemble 6 volumes.

61. L'Art de fumer (ou la Pipe et le cigare), par Barthélemy. *S. L. N. D.* in-12, figures, dem.-rel. dos et coins de maroq. brun Laval, dos orné, fil. tête dor. n. r.

62. Alfred de Musset. Premières Poésies, Confession, Poésies nouvelles, Nouvelles. *Paris, Charpentier*, 1840; 4 vol. in-12, dem.-rel.

63. Autran (J.). Laboureurs et Soldats. — Épîtres rustiques. — Milianah, Épisodes des guerres d'Afrique. *Paris, Mich. Lévy fr.* 1854-61; 3 vol. in-12, dem.-rel. maroq. bleu et maroq. brun.

Envoi d'auteur sur chaque ouvrage.

64. Sully Prudhomme. Stances et Poëmes. — Les Épreuves. — Les Solitudes. *Paris, Ach. Faure et Alph. Lemerre*, 1835-69; 3 vol. in-12, dem.-rel., maroq. bleu de ciel fleurons.

Envoi d'auteur à M. Th. Gautier.

65. Brizeux (A.). Les Bretons, poëme. — Primel et Nola. — *Paris, P. Masgana et Garnier fr.* 1846-52; 2 vol. in-12, dem.-rel., maroq. bleu, fleurons.

66. La Divine comédie de Dante Alighieri. *Paris, Hachette*, 1868. — Œuvres de Millevoye. *Paris, Charpentier*, 1840. — Théâtre de Michel de Cervantès, traduit par Alph. Royer. *Paris, Michel Lévy fr.* 1862. — Ens. 3 vol. in-12, dem.-rel., chagr. vert.

67. Pétrarque, par A. Mezières. *Paris, Didier*, 1868; in-8, br.

68. Torquato Tasso. Rime e prose. *Ferrare, Vasalini*, 1585; 3 vol. pet. in-18, dem.-rel. mar.

69. Fernand d'Azevedo. — Les Lusiades de Camoens. *Paris*, 1870; in-8, br.

70. Comédies d'Aristophane. *Paris, Didot*, 1855; 2 vol. in-12, br. — Tragédies d'Euripide, traduites du grec, par M. Artaud. *Paris, Lefèvre* 1842; 2 vol. — Histoire de Thucydide, traduite du grec par Levesque. *Paris, Lefèvre*, 1841. — Ens. 5 vol. in-12, dem.-rel. et brochés.

71. La Grèce tragique, chefs-d'œuvre d'Eschyle, de Sophocle et d'Euripide, traduits en vers par L. Halevy. *Paris, Hachette*, 1849; 3 vol. in-8, dem.-rel. maroq. vert foncé. (Envoi du traducteur.)

72. Patelin (Maître Pierre). Publié par F. Génin. *Paris, Chamerot*, 1854; gr. in-8, fig. sur bois, cart. (Rare.)

73. Œuvres choisies de Pierre Corneille. *Paris, Lheureux*, 1822; 5 vol. in-8, portrait dem.-rel., v. f. tr. marbr.

74. Œuvres complètes de J. Racine avec les notes de tous les commentateurs. *Paris, Dupont*, 1824; 6 vol. — Œuvres poétiques de L. Racine. *Paris, Dupont*, 1825; 1 vol. — Ens. 7 vol. in-8, cart. n. rog.

75. Molière. Œuvres complètes avec les notes de tous les commentateurs. *Paris, Lheureux*, 1823; 8 vol. in-8, dem.-rel.

76. Les Œuvres de Monsieur Regnard. *A Bruxelles, chez Simon T'Serstevens*, 1720; 2 vol. pet. in-12, figures, v. ant.

77. Crébillon (Œuvres de). Avec les notes de tous les commentateurs, édition publiée par M. Parrelle. *Paris, Werdet et Lequien*, 1828; 2 vol. in-8, dem.-rel.

78. Proverbes dramatiques par M. Théodore Leclercq, orné de gravures en tailles-douce d'après Johannot et autres. *Paris*, 1835-36; 8 vol. dem.-rel. v. vert.

79. Le Théâtre italien de Gherardi ou le Recueil général de toutes les comédies et scènes françoises jouées par les comédiens italiens du Roy, édition enrichie d'estampes en taille-douce. *Amsterdam, chez Adrian Braakman*, 1701; 6 vol. in-12, v. ant.

80. Œuvres dramatiques de Schiller, trad. de Barante, *Paris*, 1844; gr. in-8, dem.-rel.

81. Titvs Petronivs Arbiter cum commentariis. *Amstelodami, Blaeu*, 1669-71; in-8, v. f., fil. tr. dor. (*Anc. rel.*)

82. Titi Petronii Arbitri Satyricon. *Parisiis, Aug. Renouard*, 1797; 2 vol. pet. in-12, veau jaspé, fil. (*aux armes de Morante.*)

83. Éloge de la folie, traduit du latin d'Érasme précédé de l'Histoire d'Erasme et de ses écrits, par M. Nisard. *Paris, Ch. Gosselin*, 1843; in-12. v. f.

84. **Erasmo** (D. E. R.). I Ragionamenti, overo Colloqui famigliari. *Vinegia, Valgrisi*, 1549; in-8, veau fauve, fil. à comp. tr. dor. (*Simier, relieur du Roi.*)

Édition rare, avec un portrait d'Érasme ajouté.

85. Histoire maccaronique de Merlin Coccaie. *Paris, Delahays*, 1859; in-12, br. en grand papier de Holl.

86. Rabelais. Œuvres. Édition variorum. Pièces inédites. Songes drôlatiques de Pantagruel. *Paris, Dalibon*, 1823; 9 vol. in-8, dem.-rel., n. rog. fig.

87. Les Évangiles des quenouilles. *Paris, Jannet*, 1855; in-12, cart. n. rogn.

88. Les quinze Joyes de mariage. *Paris, P. Jannet*, 1857; in-12, cart. n. r.

89. Les Contes et Discours d'Entrapel, par Noël du Fail seigneur de La Herissaye, gentilhomme breton. *S. L.* 1732; 2 vol. pet. in-12, dem.-rel. v. bleu tr. marbr.

90. Les Facecievses nvictz dv Seigneur Iean François Strapapole auec les fables et enigmes, racontées par deux ieunes gentilz-hommes et dix damoiselles, nouvellement traduictes d'italien en françoys par Iean Louueau. *A Lyon, par Benoist Rigaud*, 1572; pet. in-12, maroq. vert, nombreux filets à comp. tr. dor.

Le titre a été raccomodé et remonté.

91. Les Cent Nouvelles nouvelles. Suivent les Cent nouvelles contenant les Cent histoires nouveaux qui sont moult plaisans a racconter en toutes bonnes compagnies. *La Haye, chez P. Gosse et Neaulme*, 1734; 2 tomes en un vol. petit in-12, v. ant., chiffre.

92. Les Escraignes dijonnoises recueillies par le sieur Des Accords. *A Paris, par Jean Richer, à l'Arbre verdoyant*, 1603 ; pet. in-12, de 60 pages cart.

93. Contes de Marguerite de Valois, reine de Navarre. *Paris, Delongchamps*, 1833 ; 3 vol. in-8, dem.-rel. v. vert.

94. Cyrano de Bergerac. Œuvres. *Amsterdam, J. Desbordes*, 1710 ; 2 vol. in-12, portr. et fig, v. f. fil. tr. dor.

95. La Princesse des Clèves, suivie de la princesse de Montpensier, par Mme de La Fayette. — Zayde, histoire espagnole. — Lettres de Milady Juliette Catesby par Mme Riccoboni. — *Paris, de l'Impr. de P. Didot l'aîné*, 1814-15 ; 3 vol. pet. in-12, pap. vélin v. f. rosace et fil. noirs sur les plats.

96. L'An deux mille quatre cent quarante, rêve s'il en fut jamais. *Londres*, 1771 ; in-8, dem.-rel. bas.

97. Atala. — René. — Par Fr. Aug. de Châteaubriand. *Paris, Lenormand*, 1805 ; in-12, figures gr. bas.

98. Paul et Virginie. Par Bernardin de Saint Pierre. *Paris, Imp. de P. Didot l'aîné*, 1806 ; in-4, dem.-rel. dos et coins tête de veau rose, n. rog. pap. vélin. — 7 gravures.

99. Notre-Dame de Paris, par Victor Hugo. *Paris, Ch. Gosselin*, 1831 ; 4 vol. pet. in-12, dem.-rel. v.

100. De Vigny (Alfred). Cinq-Mars, ou une Conjuration sous Louis XIII. *Paris, Gosselin*, 1833 ; 2 vol. in-8, mar. brun, à comp. tr. dor. (Simier.)

101. Obermann., par de Senancourt, avec une préface de Sainte-Beuve. *Paris, Abel Ledoux*, 1833 ; 2 vol. in-8, br.

102. Marianna, par Jules Sandeau. *Paris, Ch. Gosselin*, 1839 ; 2 tomes en un vol. in-8, dem.-rel., v. ant.

103. Picciola, par X.-B. Saintine. *Paris, Jung-Treuttel*. — Gr. in-8, dem.-rel., dos et coins de maroq. bleu fil., tête dorée, n. rog. (Eaux fortes, par Léopold Flameng.)

104. Chevigné (Comte de). Les Contes rémois. Dessins de E. Meissonier. *Paris, Acad. des Bibliophiles*, 1868 ; gr. in-8, portrait sur chine, dem.-rel., maroq. rouge, dos fleurons, tête dor., n. rog.

105. Boccace. — Le Décaméron ou les Dix journées galantes. *Paris, Lecou*, 1846. — Œuvres lyriques de Rousseau. *Paris, Hachette*, 1052. — Iambes et poëmes, par Aug. Barbier. *Paris, P. Masgana*, 1840 ; ens. 3 vol. in-12, dem.-rel. veau.

106. Don Quichotte de la Manche, de Cervantès. Traduction de Filleau de Saint-Martin. *Paris, Delongchamps*, 1825 ; 6 vol. in-8, cart., fig.

107. Histoire de don Pablo de Ségovie, surnommé l'Aventurier Buscon, par don Francisco de Quevedo Villegas, traduite de l'espagnol et annotée par Germond de Lavigne. — Vignettes par H. Emy, gravées par A. Baulant. *Paris, Warée*, 1843 ; gr. in-8, sur pap. bleu, dem.-rel., maroq. rouge, tête dor., n. rog. (*Closs*).

108. La Vie et les aventures de Robinson Crusoé, par Daniel de Foë. Ancienne traduction, revue et corrigée sur l'édit. donnée par Stockdale en 1798. *Paris, Panckoucke*, 1800 ; 3 vol. in-8, v. marbr., portr. et 19 figures de Stothart.

Bel exemplaire.

109. Frielding. Tom Jones ou Histoire d'un enfant trouvé. 12 gr. en taille-douce. Traduction nouvelle et compl. *Paris, Didot*, 1833 ; 4 vol. in-8, d.-rel., figure de nouveau genre.

110. Hoffmann (Contes fantastiques), traduits par P. Christian. *Paris, Lavigne*, 1843. — Le Moyen de parvenir. *Paris, Ch. Gosselin*, 1841 ; ens. 2 vol. in-12, dem.-rel., veau.

111. Mille et une nuits, contes arabes, traduits en français par Galland ; nouvelle édition, revue, accompagnée de notes, 21 gr. ; publiée par M. E. Gauttier. *Paris, Collin*

de Plancy, 1822 ; 7 vol. in-8, pap. vélin, cart., non rog., fig. avant la lettre sur papier de Chine.

112. Lucien. De la traduction de Perrot, sieur d'Ablancourt, avec des remarques sur la traduction; nouvelle édition revue et corrigée. *Amsterdam*, *Mortier*, 1709 ; 2 vol. in-8, mar., v. fil. tr. dor. (Niédrée.)

113. Clément XIV (Ganganelli). Lettres traduites de l'italien et du latin. *Paris*, *Lottin*, 1776 ; 2 vol. in-12, front. gravé, mar., r., fil., tr. dor. (anc. rel.).

114. La Fontaine. Œuvres avec les notes de tous les commentateurs, et des notices historiques en tête de chaque ouvrage. *Paris*, *Dupont*, 1826 ; 6 vol. in-8, cart.

115. Lettres familières de M. de Balzac à M. Chapelain. *Amsterdam*, *Elzevier*, 1661 ; in-12, bas., fil., dor. (Aux armes de Morante.)

116. La Rochefoucauld. Œuvres avec notes et variantes. *Paris*, *Ponthieu*, 1825 ; in-8, non rog.

117. Œuvres de Lesage. — Gil Blas de Santillane. — Le Diable boiteux. — Théâtre choisi. *Paris*, 1829-30 ; 4 vol. in-8, cart.

118. Recueil de pièces choisies tant en prose qu'en vers, contenant : Voyage de Bachaumont, Poésies du chevalier d'Accilly, la Satire des satires, Poëme de Madeleine, le Louis d'or, Campagnes de Rocroi, les Visionnaires, etc. *La Haye*, 1714 ; 2 vol. in-12, v. ant.

119. Diderot. Œuvres choisies, précédées de sa vie, par M. F. Génin. *Paris*, *F. Didot*, 1847 ; 2 vol. in-12, d.-rel., v. f.

120. Beaumarchais. Œuvres précédées d'une notice sur sa vie et ses ouvrages. *Paris*, *Guiraudet*, 1829 ; 6 vol. in-8, d.-rel.

121. Mélanges de littérature (par le prince de Ligne), *à Philosophopolis*, 1783 ; 2 vol. pet. in-12, dem.-rel. dos et coins de maroq. rouge foncé, tête dor., n. rog. (Duru.)

122. OEuvres et correspondance inédites d'Alexandre de Tocqueville. *Paris*, *Michel Lévy*, 1861; 2 vol. in-8, d.-rel., mar.

123. Mélanges d'histoire littéraire et de littérature, par J.-J. Ampère. *Paris*, *Michel Lévy fr.*, 1867; 2 vol. in-8, br.

124. Abrégé de Géographie universelle par Malte Brun. *Paris*, *Furne*, 1842; gr. in-8, d.-rel. figures.

125. Merimée (Prosper). — Notes d'un voyage en Auvergne, dans l'ouest et le midi de la France. *Paris*, *Fournier*, 1836-38; 3 vol. in-8, dem.-rel., v. ant.

126. Le Président de Brosses en Italie; lettres familières écrites d'Italie en 1739 et 1740, par Ch. de Brosses. *Paris*, *Didier*, 1858; 2 vol. in-8, dem.-rel., v. f., dos orné, fil., tête dor., n. rog.

127. Voyage en Italie par M. Taine. *Paris*, *L. Hachette*, 1866; 2 vol. in-8, dem.-rel., dos et coins de maroq. vert foncé, fil., tête dor., n. rog.

128. Souvenirs du Golfe de Naples, recueillis en 1808, 1812 et 1824 par le comte Turpin de Crissé. *Paris*, 1828, in-fol., dem.-rel., chagr. rouge (*49 planches gravées*).

129. Art de vérifier les dates des faits historiques, des chartes, des chroniques et autres, par des religieux bénédictins de la congrégation de Saint-Maur. *Paris*, *Desprez*, 1750; in-4, v. m. ant.

130. Discours sur l'histoire universelle, par Bossuet. Édition augmentée des nouvelles additions et des variantes de texte. *Paris*, *Emler fr.*, 1829; 2 vol. in-8, dem.-rel., v. vert.

131. Hérodote. Histoire suivie de la vie d'Homère. Nouvelle traduction par A.-F. Miot. *Paris*, *F. Didot*, 1822; 3 vol. in-8, d.-rel.

132. OEuvres complètes de Xénophon. *Paris*, *Lefèvre et Garnier fr.*, 1842; 2 vol. in-12, dem.-rel., v. f.

133. Curtius (Q.) Historia Alexandri magni cum notis selectis variorum. *Lugduni Batavorum, apud J. Elzevirium*, 1658 ; in-8, titre gravé, mar. rouge, fil. tr. dor. (Anc. rel.)

134. Voyage du jeune Anacharsis en Grèce, par l'abbé Barthélemy. *Paris, P. Dupont*, 1826 ; 7 vol. in-8, portrait et atlas, dem.-rel., v. vert.

135. Titi Livii Historiarum quod extat cum perpetuis Gronovii et variorum notis. *Amstelodami Ludovicum et Danielem Elzevirios*, 1665 ; 3 vol. in-8, vélin de Holl. (*Frontispice gravé.*)

136. Œuvres complètes de Tacite. Traduction nouvelle, avec le texte en regard, des variantes et des notes, par Burnouf. *Paris, Hachette*, 1833 ; 6 vol. in 8, dem.-rel., v. f. ant.

137. Les Césars de l'empereur Julien, traduits du grec, avec des remarques (par Spanheim). *Heidelberg*, 1660 ; chez Walther; in-8, mar. citr. (Ancienne reliure).

138. Etudes sur l'histoire romaine, par Prosper Mérimée. — Guerre sociale. — Conjuration de Catilina. *Paris*, 1844 ; 2 parties en 1 vol. in-8, dem.-rel., v. vert.

139. Tableau des révolutions du système politique de l'Europe depuis la fin du quinzième siècle, par Frédéric Ancillon. *Paris*, 1823 ; 6 vol. in-8. dem.-rel., v. vert.

140. Histoire de France, par H. Martin. *Paris, Furne*, 1838-54 ; 19 vol. in-8, d.-rel. mar., *gravures sur acier.*

141. Récits des temps mérovingiens, précédés des considérations sur l'histoire de France, par Aug. Thierry. *Paris, Just Teissier*, 1842 ; 2 vol. in-8, dem.-rel., v. bleu.

142. Augustin Thierry. Histoire de la conquête de l'Angleterre par les Normands, de ses causes et de ses suites. *Paris, Sautelet*, 1826 ; 4 vol. in-8, dem.-rel., veau olive.

143. Les Chroniques de sire Jean Froissart. *Paris*, 1853 ; 3 vol. gr. in-8, d.-rel. mar., v. tr. sup. dorée.

144. Les Mémoires et recherches de Jean Du Tillet, greffier de la Cour de Parlement à Paris. *A Troyes pour Philippe des Chants*, 1578; pet. in-8, v. ant.

145. Comines (Philippe de). Mémoires contenant l'histoire des rois Louis XI et Charles VIII, depuis 1464 jusques en 1498. *Bruxelles, Foppens*, 1723; 5 vol. pet. in-8, v. tr. dor. (*Armoiries.*)

146. Mémoires pour servir à l'histoire de France, contenant ce qui s'est passé de plus remarquable dans ce royaume depuis 1515 jusqu'en 1611, avec les portraits des rois, reines, princes, princesses et autres personnes illustres dont il y est fait mention. *A Cologne*, 1719; 2 vol. in-12, v. ant. (*Armoiries.*)

147. Marie Stuart et Catherine de Médicis; étude historique par A. Chéruel. *Paris, Hachette*, 1858; in-8, br.

148. Mémoires du duc de Rohan.— Discours politique du duc de Rohan (2 parties). — Voyage du duc de Rohan, fait en l'an 1600. *Amsterdam, L. Elzévier*, 1646; in-12, parchemin.

149. Satire Ménippée. De la vertu du catholicon d'Espagne, édition augmentée de nouvelles remarques et de plusieurs pièces (par Le Duchat). *Ratisbonne, chez les héritiers de Mathias Kerner*, 1711; 3 vol. pet. in-8, frontisp. et fig., v. f. fil. (*Armoiries.*)

150. Histoire des princes de Condé, pendant les XVIe et XVIIe siècles, par M. le duc d'Aumale. *Paris, Michel Lévy*, 1864; 2 vol. in-8, dem.-rel., maroq. bleu foncé, fleurons. portraits.

151. Mémoires secrets sur le règne de Louis XIV, la Régence et le règne de Louis XV, par Duclos. *Paris, J. Gay*, 1864; 2 vol. in-8, pap. de Hollande, dem.-rel. v. f.

152. Mémoires du cardinal de Retz, publiés avec leur complément jusqu'en 1676, d'après les documents originaux, par MM. Champollion-Figeac et Aimé Champollion. *Paris*, 1837; gr. in-8, texte à deux col., dem.-rel. v. rose.

153. Recueil de pièces historiques. *Cologne*, *P. Marteau*, 1663; pet. in-12. parchemin.

154. Mémoires de Fléchier sur les Grands-Jours tenus à Clermont en 1665-1666, publiés par Gonod, bibliothécaire de la ville de Clermont. *Paris*, *Porquet*, 1844; gr. in-8, d.-rel. mar. v.

155. Les Historiettes de Tallemant des Réaux, 3e édition, entièrement revue sur le manuscrit original et disposée dans un nouvel ordre, par MM. de Monmerqué et Paulin Paris. *Paris*, *J. Techener*, 1860; 9 vol. in-8, d.-rel., dos et coins de maroq. rouge, fleurons, tête dor., n. rog.

156. Le comte de Gisors (1732-1758). Étude historique, par Camille Rousset. *Paris*, *Didier*, 1858; in-8, br.

157. Mémoires de M. le duc de Choiseul, ancien ministre de la marine, de la guerre et des affaires étrangères, écrits par lui-même et imprimés sous ses yeux, dans son cabinet, à Chanteloup, en 1778. *Paris*, 1790; in-12, dem.-rel. chagr. viol.

158. Histoire de la Révolution, par A. Thiers. *Paris* (*Panckoucke*), 1839; 4 vol. gr. in-8, dem.-rel. veau ant.

159. Ségur. Histoire de Napoléon et de la Grande Armée pendant l'année 1812. *Paris*, *Baudouin*, 1825; 2 vol. in-8, portr., dem.-rel. v. vert.

160. Beugnot, ancien ministre (1783-1815). Mémoires publiés par le comte Albert Beugnot, son petit-fils. *Paris*, *Dentu*, 1866; 2 vol. in-8, d.-rel. mar. bl.

161. Mémoires politiques et Correspondances diplomatiques de J. de Maistre, publ. par Alb. Blanc. *Paris*, 1859; in-8, d.-rel. maroq. vert.

162. Madame Récamier, les Amis de sa Jeunesse et sa Correspondance intime. *Paris*, *Mich. Lévy fr.*, 1872; in-8, d.-rel, dos et coins de maroq. rouge, tr. dor.

163. Charles Yriarte. — Paris grotesque : les Célébrités de la Rue (1815-1833) illustrées. *Paris*, 1864; in-8, cart., tr. dor.

164. Histoire générale de l'Auvergne, par André Imberdis, *Clermont-Ferrant*, 1868; 2 vol. gr. in-8, d.-rel. mar.

165. Histoire des institutions de l'Auvergne, par H.-F. Rivière. *Paris*, *Marcsq aîné*, 1874; 2 vol. in-8. Ex. neuf n. c. (carte color.)

166. Histoire du Gouvernement de Venise et examen de sa liberté, par le sieur Amelot de La Houssaye. *Sur la copie, imprimée à Paris*, *Léonard*), 1677; 2 vol. pet. in-18. (Édition à la Sphère.)

167. Histoire de la Ligue de Cambrai faite contre la République de Venise, par l'abbé Dubos. (*Paris*, *Barrois*, 1785); 2 vol. in-12, v. fauve, fil., tr. dor.

168. Roberison. Œuvres complètes, précédées d'une notice, par Buchon. *Paris*, *A. Desrez*, 1840; 2 vol. gr. in-8, texte à 2 col., mar. bleu, fil., ornés à comp., tr. dor.

169. Origin and Progress of the system of post-office Saving Banks. *London*, 1871; gr. in-8, cart.

170. Dictionnaire universel des Contemporains, par G. Vapereau. *Paris*, *Hachette*, 1870; gr. in-8, d.-rel. maroq. rouge.

171. Revue des Deux-Mondes, année 1870, 6 vol. in-8, d.-rel. v. f.

---

172. Suite de 33 gravures pour les Œuvres de Walter Scott, d'après les tableaux de MM. Alfred et Tony Johannot. *Paris*, *Furne*, 1830; in-8.

173. Hésiode. Hymnes orphiques, Théocrite, Bion — Moskhos. — Tyrtée. Odes anacréontiques, traduction nouvelle par Leconte de Lisle. *Paris*, *Alph. Lemerre*, 1869- — Anacréon français-grec, par P. Pierre Rable. *Paris*, *J. Claye*, 1855. — Ens. 2 vol. in-8, br.

174. Les Poésies du duc Charles d'Orléans, publiées par Aimé Champollion-Figeac. *Paris*, 1842. — Poëtes contemporains en Allemagne, par N. Martin. *Paris*, 1860. — Ens. 2 vol. in-12, br.

175. Petits Poëtes français depuis Malherbe jusqu'à nos jours, avec des notices biographiques et littéraires sur chacun d'eux, par M. Prosper Poitevin. *Paris, Aug. Desrez*, 1839; 2 vol. in-8, br., texte à 2 col.

176. Œuvres de Régnier, édit. Louis Lacour. *Paris, impr. de Jouaust*, 1867; in-8, br., dans un carton.

177. Le Lutrin, poëme de Boileau-Despréaux, édition conforme au texte original, ornée de vignettes, par Sen. et Fréd. Hillemacher. *Lyon, N. Scheuring*, 1862; in-4, cart.

178. Poésies inédites de Gresset, publiées par Victor de Beauville. *Paris*, 1863. — Essai analytique sur l'origine de la langue française, par Gabriel Peignot. *Dijon, Victor Lagier*, 1835. — Tableau littéraire de la France pendant le XIIIe siècle, par Joseph de Rosny. *Paris*, 1809. — Ens, 3 vol. in-8, br. et d.-rel.

179. Josephin Soulary.— Sonnets humouristiques. — Les Figulines, suivies du Rêve de l'Escarpolette et de quelques autres pièces. *Lyon, L. Perrin* et *N. Scheuring*, 1858-1862; 2 vol. in-12, br. *Portrait.*

180. Chansons populaires des provinces de France, notices par Champfleury, accompagnement de piano par J.-A. Wekerlin, illustrations par MM. Bida, Bracquemond, Flameng, Staal, etc. *Paris*, 1860; gr. in-8, br.

181. Théâtre français au moyen âge (XIe-XIVe), publié d'après les manuscrits de la Bibliothèque du Roi, par MM. Monmerqué et Francisque-Michel. *Paris, Delloye*, 1839; gr. in-8, d.-rel. v.

182. Bonaventure Despériers, Cyrano de Bergerac, par Ch. Nodier. *Paris, Techener*, 1841. — Morts royales, par Georges d'Heilly. *Paris, Ach. Faure*, 1867. — Le Petit Chose, histoire d'un enfant, par Alph. Daudet. *Paris, Hetzel*, 1868. — Ens. 3 vol. in-12, d.-rel. chagr. brun et chagr. vert.

183. Les Souffrances du jeune Werther, par Gœthe, traduites par le comte Henri de La B***. *Paris, de l'imp. de Crapelet*, 1845; in-8, figures de T. Johannot, d.-rel., dos et coins de maroq. brun, tête dor., n. rog.

184. La Mer libre du pôle, voyage de découvertes dans les mers arctiques, par le Dr J.-J. Mayes. *Paris, Hachette*, 1868; in-8, br. *Figures et cartes.*

185. Deux années au Brésil, par F. Biard; ouvrage illustré de 180 vignettes dessinées par E. Riou, d'après les croquis de M. Biard. *Paris, Hachette*, 1862; fort vol. in-8, br.

186. Paris qui s'en va, 25 eaux-fortes par Léopold Flameng, texte par Alf. Delvau, Th. Gautier, Ars. Houssaye, etc. *Paris. J. Taride* (s. d.); pet. in-fol., dans un carton.

---

187. Nouveau Testament de Notre-Seigneur Jésus-Christ, traduit en français par M. Lemaistre de Saci, nouvelle édition ornée de 96 figures gravées par les plus habiles artistes, sous la direction de M. Porret, d'après les dessins de MM. Marillier et Monsiau. *Paris, Gay*, an XIII; 3 vol. in-4, d.-rel., dos et coins de chagr. noir. (*Figures avant la lettre.*)

188. Les Images ov Tableavx de platte peintvre des devx Philostrates sophistes grecs, mis en françois par Blaise de Vigenère, Bourbonnois; revueus et corrigez sur l'original par un docte personnage de ce temps en la langue grecque et representez en taille-douce, avec des épigrammes sur chacun d'iceux par Artus Thomas, sievr d'Embry. *A Paris, chez la veufue Abel l'Angelier*; in-fol., v. ant. marbr. *Figures.*

189. De Tempel der Zanggodinnen, van de Fabel Oudheed door Bernard Picard le Romain. *T'Amsterdam, by Zacharias Chatelain*, 1733; in-fol., v. marbr. ant., plats, ornés. *Figures.*

Premières épreuves.

190. Œuvre de Raphaël Sanzio. *Paris, Firm. Didot fr.*, 1863; in-4, br., *475 planches.*

191. Recherches sur l'architecture, la sculpture, la peinture, la menuiserie, la ferronnerie dans les maisons du Moyen Age et de la Renaissance à Lyon, par P. Martin. *Paris et Lyon, s. d.* In-4, dem.-rel. chagr. vert (nombr. planches d'après Chenavard, Martin et autres, dont quelques-unes en or et couleurs).

192. **Monuments** d'architecture, de sculpture et de peinture de l'Allemagne, depuis l'établissement du christianisme jusqu'aux temps modernes publiés par Ern. Forster, texte traduit en français par MM. W. et E. Suckau. *Paris, A. Morel,* 1861-66; 8 vol. gr. in-4, br. *Nombreuses figures.*

193. **Le Moyen Age et la Renaissance.** Histoire et description des mœurs et usages du commerce et de l'industrie, des sciences, des arts, des littératures et des beaux-arts en Europe. Direction littéraire de M. P. P. Lacroix; direction artistique de M. Ferdinand Seré. *Paris,* 1848-51. 5 vol. in-4, figures et chromolith. de Lemercier et d'Engelmann, dem.-rel. maroq. vert, fil. tr. jasp.

194. **Histoire des Arts industriels** au moyen âge et à l'époque de la renaissance, par Jules Labarte. *Paris, A. Morel,* 1864; 4 vol. de texte gr. in-8 et 2 vol. de pl. coloriées in-4; ens. 6 vol. in-4, dem.-rel. maroq. noir.
Bel exemplaire.

195. Collection des plus belles compositions de Lepautre, gravée par Decloux, architecte, et Doury, peintre. *Paris, Noblet et Morel,* s. d. In-fol., dem.-rel. cart. percal. 109 planches.

196. Fragments d'ornements dans le style antique recueillis ou composés par P.-H. Beauvallet et par Ch. Normand, architecte. *Paris Bance aîné,* 1820; 2 vol, in-fol., dem.-rel. bas. n. rog.

197. Ornementi diversi inventati, disegnati ed esegniti da Giocondo Albertolli, insisi da Giacomo Mercoli Luganese. *Milano*, 1787; gr. in-fol. dem.-rel. (65 *planches d'ornements*).

198. Ornements, vases et décorations d'après les maîtres, par Pequenot. *Paris*, *A. Morel*, s. d. 300 planches réunies en 3 cartons in.4 (tomes I à VIII).

199. Ornements tirés ou imités des quatre écoles, 410 pl. ches desinées et gravées par MM. Riester, Clerget, Coulo, d'Hautel, de Wailly, Wagner, L. Feuchère et Regnier. *Paris*. *A. Morel*, s. d. 2 parties réunies en 2 carton, in-4.

200. Meubles et objets divers du moyen âge et de la renaissance dessinés d'après nature et lithographiés par Asselineau. *Paris*, *de l'imprimerie de Lemercier, publié par Lévy*; 2 vol. in-fol., dem.-cart. 186 planches.

201. Recueil de trois cent têtes et sujets de composition, gravés par M. le comte de Caylus, d'après les pierres gravées antiques du cabinet du roi. *Se vend à Paris, chez Bazan*, s. d. In-4, v. ant.

202. Iconologie par figures ou traité complet des allégories, emblèmes etc.. ouvrage utile aux artistes, aux amateurs, et pouvant servir à l'éducation des jeunes personnes, par MM. Gravelot et Cochin. *Paris*, s. d. 4 vol. in-8, br.

Exemplaire en grand papier, mais très-fortement piqué et mouillé.

203. Sujets de l'Éliade et de l'Odyssée d'Homère, gravés d'après les compositions de John Flaxman, sculpteur anglais. *A Paris*, *chez Nitot Dufresne* (1803(; in-4 obl., dem.-rel. v. viol.

204. Virgilii opera ad priscam imaginum forman incisa, 1725. In-fol. vélin. 55 planches. Copie des miniatures du Virgile du Vatican.

205. **Les Métamorphoses** d'Ovide, en latin et en français de la traduction de M. l'abbé Banier avec les dessins des meilleurs peintres français par les soins des sieurs Le Mire et Bazan, graveurs. *Paris*, *chez Leclercq*. 1767; 4 vol. in-4, v. porph. tr. marbr. (second tirage).

206. **Contes et Nouvelles en vers, par M. de La Fontaine.** *Amsterdam*, 1762; 2 vol. in-8 mar. rouge, tr. dor. (*anc. rel.*).

Cet exemplaire est très-fatigué de reliure ; il est mouillé, déchiré et en mauvais état. Il peut servir à compléter un autre exemplaire.

207. Contes et Nouvelles en vers, par M. de La Fontaine. *Londres* (*Cazin*), 1778; 4 vol. pet. in-12, v. ant. tr. dor., portrait et jolies vignettes à mi-pages.

Reliure fatiguée. Exemplaire taché et court de marges.

208. Fables Nouvelles, par M. Dorat. *A La Haye, et se trouve à Paris, chez Delalain*. 1773; 2 vol. in-8. v. ant. *Vignettes et culs de lampes de Marillier.*

209. Les Sens, poëme (par de Rosoy). *Londres*, 1766; in-8; pap. de Holl., v. ant. (*fig. d'Eisen*).

210. Les Saisons, poëme. *Amsterdam*, 1769; in-8, front. et fig., v. f. ant., fil., tr. dor.

Figures de Le Prince. Bel exemplaire.

211. Idylles, par M. Berquin. *Paris, imp. de Quillau*, 1775; 2 vol. in-12, v. ant., 24 grav., plus un front. de Marillier.

Belles épreuves. Le tome Ier a quelques mouillures.

212. Romances, par M. Berquin. *Paris, de l'impr. de Montardier*, 1797; pet. in-8, musique, front. et fig. gr., maroq. rouge, fil., tr. dor. (Anc. rel., chiffre sur les plats).

213. Théâtre de P. Corneille, avec des commentaires et autres morceaux intéressants, par Voltaire. *S. l.*, 1776; 10 vol. in-8. front. et fig. gr., v. f. ant., dos orn., fil.

Édition encadrée, avec les figures de Marillier.

214. Œuvres de Molière, par M. de Voltaire, nouvelle édition, avec des figures en taille-douce. *Amsterdam, chez Arkstée et Merkus*, 1765; 6 vol. in-12, br.

Figures de Punt. Exemplaire non rogné.

215. Histoire du petit Jehan de Saintré et de la dame des Belles Cousines, extraite de la vieille chronique de ce nom par M. de Tressan. Édition ornée de figures en taille douce, dessinées par Moreau le jeune. *Paris, de l'imprimerie de Didot jeune*, 1791; petit in-12, v. ant., tr. dor.

Reliure fatiguée.

216. Histoire de Manon-Lescaut et du chevalier Des Grieux, par l'abbé Prevost. *Paris, Alph. Leclerc*, 1860; 2 vol. in-12 br. Portrait et figures d'ap. Coiny.

217. Le Temple de Gnide suivi d'Arsace et Isménie, par Montesquieu. *Paris, de l'Imprimerie de P. Didot l'aîné*, 1796; in-12 cart., n. rog.

Papier vélin. Figures avant la lettre.

218. Œuvres de Gessner. Traduction nouvelle ornée de 52 gravures de Moreau le jeune. *Paris, L. Dupont*, 1827; 4 vol. in-8, dem. cart., percal., rogné.

219. Œuvres complettes de M. Gessner, avec les figures de Marillier. *Genève*, 1786; 3 vol. in-16, v. ant., tr. marb.

Bonnes épreuves.

220. Il Decamerone, di M. Giovanni Boccaccio. *Londra*, 1757; 5 vol. in-8, veau porph., fil., tr. dor.

Avec les figures et culs de lampes, d'après Eisen, Gravelot, Boucher, Cochin. Bel exemplaire et bonnes épreuves.

221. La Vie et les Opinions de Tristram Shandy, traduites de l'anglais de Stern, par M. Frenais. *Londres, Cazin*, 1784-85; 4 vol. petit in-12, v. ant., fil., tr. dor. *Portrait.*

222. Voyages de Gulliver, avec les figures dessinées par Le Febvre et gravées par J. Masquelier. *Paris, imp. de Pierre Didot*, 1797. 2 tomes en 4 vol. pet. in-12, v. ant., tr. dor. *Taché.*

223. **Saint-Non.** Voyage pittoresque, ou Description des royaumes de Naples et de Sicile. *Paris*, 1781-86; 5 vol. in-fol., v. mar. ant., avec nomb. fig., gr. à l'eau-forte par Saint-Aubin, Duplessis, Bertaux, Desmoulins, Allix, etc.

224. Histoire de l'art chez les anciens, par Winkelmann, traduit de l'allemand avec des notes historiques et critiques de différents auteurs. *Paris, Bossange, Masson* et *Besson*, 1802-03. 2 tomes en 3 vol. in-4, dem.-rel., chag. viol. *Planches.*

Exemplaire non rogné; quelques taches.

25. Le Costume des Peuples de l'antiquité prouvé par les monuments, par André Lens, peintre; nouvelle édition par G.-H. Martini. *A Dresde*, 1785; in-4 cart. 57 estampes.

226. Monuments inédits de l'antiquité : statues, peintures antiques, pierres gravées, bas-reliefs de marbre et de terre cuite, expliqués par Winckelmann, gravés par David. *Paris*, 1808-09; 3 vol. in-4, v., tr. mar., fig. en coul.

227. Pompeia, décrite et dessinée par Ernest Breton, suivie d'une notice sur Herculanum. *Paris*, *Gide* et *Baudry*, 1855; gr. in-8 br., gravures et figures intercalées dans le texte.

228. Description des principales Pierres gravées du cabinet de S. A. S. monseigneur le duc d'Orléans, premier prince du sang. *Paris*, *imp. de Prault*, *imp. du roi*, 1780-1784. 2 vol. in-4, dem.-rel., mar. vert foncé, fil., tr. jasp., 171 sujets gravés.

Exemplaire court de marges.

229. Pierres antiques gravées, sur lesquelles les graveurs ont mis leurs noms, dessinées et gravées en cuivre sur les originaux ou d'après les empreintes par Bernard Picart, par M. Philippe de Stosch, et traduites en français (avec le texte latin en regard) par M. de Limiers. *A Amsterdam*, *Bernard-Picart Le Romain*, 1734; in-fol., v. marbr. *70 planches*.

230. Antiquités étrusques, grecques et romaines, tirées du cabinet de M. Hamilton, envoyé extraordinaire S. M. Britannique en cour de Naples (traduction avec le texte anglais en regard). *Naples*, 1766-67. 2 vol. gr. in-fol., v. marbr. ant. Nombreuses planches gravées, tirées en noir et en couleurs.

231. **Les Antiquités d'Herculanum**, ou les plus plus belles peintures antiques et les marbres, bronzes, meubles, etc., trouvés dans les excavations d'Herculanum, Stabia et Pompeia, gravés par F.-A. David, avec leurs explications en français. *Paris*, *David*, graveur, 1780; 9 vol. in-4, v. ant., fil., tr. dor.

232. Tableau de Paris, ou Explication de différentes figures gravées à l'eau-forte (portrait de Mercier, frontispice, et 93 gravures) pour servir aux différentes éditions du Tableau de Paris. *Yverdon*, 1787; in-8 non rel., dans un carton. Non rogné.

233. Guide de l'Amateur de livres à vignettes, du XVIIIe siècle, par H. Cohen. *Paris*, *P. Rouquette*, 1870; in-8, dem.-rel., dos et coins en mar. citron, tr. jasp.

234. Suite de 116 gravures in-8 pour les Dix journées de Boccace, d'après Gravelot et autres. Non rogné.

235. 73 Gravures in-8 pour les Contes de la reine de Navarre. De Freudenberg, gravées par de Longueil.

236. Suite complète de 84 Gravures in-8 pour les Contes de La Fontaine. Édition des Fermiers généraux.

Épreuves modernes.

237. 61 Figures pour les Œuvres de J.-J. Rousseau, d'après Moreau et Dupréel, réunies en un vol. in-8, dem.-rel., mar. rouge foncé.

Tirage moderne.

238. 115 Figures, d'après Marillier, pour les Œuvres de l'abbé Prévost, réunies en un vol. in-8, dem.-rel., cart., percal, n. rog.

Anciennes épreuves.

239. **Monument du Costume** physique et moral de la fin du XVIIIe siècle, ou Tableaux de la vie, ornés de figures dessinées et gravées par M. Moreau le jeune. *A Neuwield-sur-le-Rhin*, 1789; gr. in-fol., dem.-rel., chag. viol. 26 planches.

Les deux dernières ont des cassures et ont été remontées. Cette édition contient les deux séries publiées d'abord sous le titre de *Seconde suite d'Estampes* et *Vie du Cavalier à la mode*, et les deux planches supplémentaires de la 1re suite. Le tout avec texte.

V^es Renou, Maulde et Cock, imp^rs de la Compagnie des Commissaires-Priseurs. Rue de Rivoli, 144. 49338

www.ingramcontent.com/pod-product-compliance
Ingram Content Group UK Ltd.
Pitfield, Milton Keynes, MK11 3LW, UK
UKHW020524180726
13839UKWH00005B/2301

9 782329 529127